BADEN-BADEN
ROSENSTADT UND HEILBAD AN DER OOS

Text: Hans Peter Wagner
Konzept: S. Gödecke
Fotos: W. Kraatz, N. Krüger, R. Mayer, Cramer, A. Cowin,
R. Wittek, R. Brunner, Onuk
Wir danken den Carasana Bäderbetrieben GmbH,
der Caracalla Therme und dem Brahms-Haus für die
freundliche Beratung und für die Überlassung von Bildmaterial.
Pläne: Huber-Kartographie-München
Redaktion: R. Dohrmann

SCHÖNING VERLAG

Gesamtherstellung und © Copyright by
SCHÖNING GmbH & CO KG
An der Hülshorst 5 · 23568 LÜBECK
Fon (04 51) 310 3-0 · Fax (04 51) 3 52 83
E-Mail: info@schoening-verlag.de
Internet: www.schoening-verlag.de
ISBN: 978-3-89917-333-8
4. Auflage

PEFC
PEFC/04-31-1700

Baden-Baden
internationaler Kur- und Bäderort

Ein Ausflug nach Baden-Baden ist immer eine märchenhafte Reise in eine schöne Welt. Als Oase der Ruhe, als pulsierende Weltstadt, als Mekka der schönen Künste hat die Stadt unendlich viel zu bieten. Kaiser und Könige waren hier schon zu Gast und von Tolstoj bis zu Bill Clinton waren die großen Männer des 19. und 20. Jahrhunderts in Baden-Baden zu Hause. Der Charme und die Anziehungskraft der alten, aber doch jung gebliebenen Weltdame, bereits seit 1797 die Sommerhauptstadt Europas, ist immer noch ungebrochen und Hotels wie Brenners Parkhotel oder die idyllisch gelegene Bühlerhöhe, wo Adenauer oft weilte, haben Weltruf.

Auch die Gesundheit kommt in Baden-Baden zu ihrem Recht. Wo schon vor 2000 Jahren die Römer im kaiserlichen Bad, dem „aquae aureliae", Erholung suchten, genießen heute Gäste aus aller Welt die Heilkraft des heißesten Thermalwassers Deutschlands. Das Theater und das Festspielhaus laden Woche für Woche zu kultu-rellen und musikalischen Highlights ein. Weltweit strahlendes VIP-Flair gibt es bei den Festspielen und bei den großen Galopprennen. Das Casino gilt als das schönste der Welt und in den blauen und roten prunkvollen Sälen des Kurhauses feiern und dinieren die Größen der Welt. Einzigartigen Kunstgenuss bietet die Sammlung moderner Kunst des 20. Jahrhunderts von Frieder Burda. Sie lockt Gäste in großen Scharen in die von dem berühmten amerikanischen Architekten Richard Meier geschaffenen heiteren „Villa im Park" an der Lichtentaler Allee. Daneben auf der anderen Seite – durch eine Brücke verbunden werden in der Staatlichen Kunsthalle Baden-Baden in ihrem vor 100 Jahren im Jugendstil errichteten Gebäude mit großem Erfolg die neuesten Kunstrichtungen gezeigt.

Dennoch ist die Stadt Baden-Baden wirklich keine Großstadt. Mit ca. 55 000 Einwohnern gilt sie nicht

Blick zur Stadt um 1855

Blick in den Salon des Fleurs um 1850

wegen ihrer Größe, sondern wegen ihrer Geschichte und ihres in Jahrhunderten erworbenen internationalen Flairs als kleinste Weltstadt. Eingebettet in die herrliche Berglandschaft des Nordschwarzwaldes ist Baden-Baden trotz aller Weltläufigkeit auch das „Städtlein" geblieben, wie es die Einheimischen liebevoll nennen. Vieles macht das Städtlein so liebenswürdig und idyllisch. Die Oos plätschert unbekümmert mitten durch die Stadt und auf den zahlreichen Bänkle an ihren Ufern schauen ihr bunt gemischt Einheimische wie Gäste aus aller Welt zu und genießen Natur und Klima. Von den Höhen grüßen die Burgruine Hohenbaden und das Neue Schloss, beide einst Stammsitz der badischen Markgrafen.

Zu allen Zeiten kamen berühmte Leute nach Baden-Baden. Schon der römische Kaiser Caracalla (Marcus Aurelius Antonius. reg. 211–217) kurierte hier im „Kaiserbad", heute unter dem Marktplatz verborgen, seine Gicht, die er sich bei seinen Schlachten nördlich der Alpen zugezogen hatte. Als Badearzt weilte der berühmte Mediziner Paracelsus in Baden-Baden. Im 19. Jahrhundert waren es vor allem berühmte Künstler wie Hector Berlioz, Johannes Brahms, Clemens von Brentano, Fjodor Dostojewski, Nikolaj Gogol, Johann Peter Hebel, Nikolaus Lenau, Franz von Liszt, Albert Lortzing, Felix Mendelsohn Bartholdy, Friedrich Nietzsche, Max von Schenkendorf, Clara Schumann, Theodor Storm, Mark Twain, Richard Wagner, Ludwig Tieck, Nikolajewitsch Tolstoj, Carl Maria von Weber, die Baden-Baden besuchten. Auch nach dem zweiten Weltkrieg kamen viele Künstler nach Baden-Baden. Unter ihnen Peter Bamm, Max Beckmann, Werner Bergengruen, Pierre Boulez, Berthold Brecht, Alfred Döblin, Erich Fried, Otto Flake, Paul Hindemith, Otto Klemperer. Auch heute ist Baden-Baden als Wohnort hoch begehrt. Nach dem statistischen Jahrbuch 2006 wohnen hier die meisten Millionäre Deutschlands.

Blick zur Stadt mit den Kuranlagen

Baden-Baden ist eine der ältesten Siedlungen im badischen Raum. Erste Spuren menschlichen Lebens reichen bis in die Zeit 10 000 vor Christus zurück. Die Römer errichteten 80 nach Christus die erste Siedlung Aquae. Die Alemannen, dann die Franken lösten die Römer ab und die Bedeutung der Stadt ging zurück. Doch 1473 erlebte sie eine neue Blüte, als Kaiser Friedrich III. zur Kur kommt und einen Fürstentag abhält. Ende des 18. Jahrhunderts begann die Stadt sich über ihre Stadtmauern hinaus auszudehnen. 1815 fielen bereits die alten Stadttore. Rasch nacheinander entstanden das Konversationshaus (Kurhaus), das Theater und die Spielbank. 1858 fanden die ersten internationalen Galopprennen in Iffezheim statt und 1869 wurde mit dem Bau des Friedrichsbades begonnen. 1931 löste der Name Baden-Baden die bisherige Bezeichnung Baden ab. 1998 wurde das neue Festspielhaus (das viertgrößte der Welt) eingeweiht. Das Jahr 2004 brachte mit der Eröffnung des neuen Stadtmuseums und der Eröffnung des Museums der Sammlung Frieder Burda neue Höhepunkte.

Deutschlands größtes Opernhaus ist mit seinen 2500 Plätzen und durch die vier Spielperioden ganzjährig geöffnet.

Stourdza-Kapelle

Im Kurbereich in einem herrlichen Park liegt die **Stourdza-Kapelle**, ein spätklassizistischer Bau nach den Entwürfen des Münchner Architekten **Leo von Klenze**. Sie wurde zwischen 1863 und 1866 durch Michael Stourdza, den letzten Regenten des Fürstentums Moldau, als Gruft für seine Familie erbaut. In den Revolutionsjahren 1848/49 floh der Fürst nach Paris und ließ sich dann in Baden-Baden nieder. Das quadratische Bauwerk mit dem pyramidenförmigen Dach, dem orthodoxen Kreuz und den vier ionischen Rundsäulen der Eingangshalle, ist Sonntags für griechisch-orthodoxe Gottesdienste geöffnet.

Hier ruht die Familie des letzten Moldauregenten Fürst Stourdza

Buntes Treiben herrscht in den zahlreichen Fußgängerzonen der Stadt wie hier in der Langen Straße.

Der Oosbach durchquert leise plätschernd die Stadt.

Eines der markantesten Gebäude an der Lichtentaler Allee ist die **Trinkhalle**, die von 1839–1842 von Baudirektor Heinrich Hübsch, eines Schülers des berühmten Architekten **Friedrich Weinbrenner** in neoromanischem Stil rechterhand vom Kurhaus errichtet wurde. Damals, um Mitte des 19. Jahrhunderts, waren Trinkkuren wesentlich beliebter als Badekuren, weil sie nicht so zeitaufwendig waren. Kennzeichnend für die Trinkhalle sind 16 korinthische Säulen, die die 90 Meter lange offene Vorhalle stützen. In dieser Wandelhalle konnte man während dieser Trinkkuren flanieren oder einfach die üppigen Verzierungen und die 14 in warmen, erdigen Farbtönen gehaltenen Fresken an der terrakottafarbenen Wand betrachten, die interessantesten Sagen aus der Baden-Badener Umgebung zeigen. Auf dem Vorplatz der Trinkhalle steht ein Denkmal von Kaiser Wilhelm I. (1797 bis 1888), der 40 Jahre lang regelmäßig nach Baden-Baden zur Kur kam. Beachtenswert: Die Eingangsbögen über der Freitreppe sind mit einem von Franz Xaver Reich geschaffenen dreieckigen Giebelrelief „Heilung durch die Quellnymphe" verziert, zu der von links die Kranken kommen und nach rechts die Geheilten weiter ziehen. Vor wenigen Jahren wurde die Trinkhalle umgestaltet. Hier befindet sich nun eine zentrale Informationsstelle für die ganze Stadt mit allen Auskünften, die ein Gast benötigt. Aus dem ehemaligen Lesesaal wurde ein viel frequentiertes Cafe.

Hinter den Säulen zeigen Fresken die Badener Sagenwelt.

Badekult und Badekultur

Die Römer waren es, die den Wert der heißen Thermalquellen für Gesundheit und Kuren als Erste erkannten und vermutlich vom Castell Straßburg aus hier einen Badeort errichteten. Daran erinnern noch das "Kaiserbad" und das "Soldatenbad". Als Dank für seine Heilung von einem schweren Gichtleiden baute Kaiser Caracalla das Badegebäude aus und kleidete es in Marmor. Während das Kaiserbad unter dem Pflaster des Marktplatzes verborgen ist, kann das Soldatenbad unterhalb des Friedrichbades besichtigt werden. Es zeigt anschaulich, wie die Römer schon vor 2000 Jahren in ihren Baderäumen die Annehmlichkeiten des Thermalbadens genossen und gilt als die besterhaltene römische Badetherme und Hypokaustenanlage nördlich der Alpen. Im Mittelalter galt der Besuch des Badehauses für Wohlhabende als Vergnügen, es wurde im Badehaus gegessen und getrunken, nicht selten auch angebandelt, denn Männlein und Weiblein saßen nackt in hölzernen Badekisten. Die erste nachgewiesene Badeherberge in Baden-Baden war um 1460 das "Baldrich", später Baldreit genannt, das heutige Stadtarchiv. Schon im 16. Jahrhundert war Baden-Baden ein internationaler Badeort und es wurden jährlich um die 3000 Badegäste gezählt, darunter auch Frauen, die mit Thermalwasser ihre Unfruchtbarkeit heilen wollten. Mit dem Bau des Friedrichsbades und des Augustabades Ende des 19. Jahrhundert wurde Baden-Baden Sommerhauptstadt Europas. Zu den berühmtesten Badegästen zählten Königin Viktoria von England und Indien und die österreichische Kaiserin Sissi, die im warmen Wasser Erholung von ihren kaiserlich-königlichen Pflichten suchten.

Caracalla-Therme

Auch die sechs sechsarmigen Kandelaber gehören zum Hauptmotiv von Baden-Baden

Spielerglück – der Zufall bestimmt

Der Sekundenbruchteil vor der Feststellung „Gewonnen oder verloren" faszinierte die Menschheit schon immer und gerade Badeorte waren im Mittelalter bevorzugte Spielorte, die vermögende Gäste anlockten und als Ansammlung wahrer Spielhöllen galten. Neben Aktivitäten wie Schwimmen und Bootsfahrten besuchte man casinoähnliche Etablissements und erfreute sich am Glücksspiel, das meist von undurchsichtigen Zeitgenossen gelenkt und beherrscht wurde. Erst Mitte des 18. Jahrhunderts entstanden in den Badeorten richtige Spielcasinos, von denen Baden-Baden internationale Bedeutung erhielt. „Die schönste Spielbank der Welt" rief voll Begeisterung Marlene Dietrich aus, als sie in Baden-Baden im Casino war. Wahr oder nicht wahr – das Casino in Baden-Baden zählt zu den schönsten Spielhallen der Welt. Rund 600 000 Besucher werden jährlich gezählt. Seit der Wiedereröffnung der Spielbank 1950 füllt das Gästebuch illustre Namen der Zeitgeschichte: Vom Schah von Persien, Kirk Douglas und den Windsors bis Josefine Baker

und Curd Jürgens. Neben den Anhängern des Roulette, der Königin der Spielcasinos, haben auch die Zocker in Baden-Baden ihr El Dorado: 1989 wurde hier erstmals in einem deutschen Casino Poker gespielt.

Casino

Wer Baden-Baden besucht, muss auch das **Casino** gesehen haben. Gehört es doch zu den schönsten der Welt. Selbst wer nicht spielen mag, begeistert sich an der zeitlosen Pracht der **Belle Epoque-Herrlichkeit** der 1855 im rechten Kurhausflügel von Pariser Künstler neu gestalteten Casinos mit den einmaligen Prunksälen, dem Wintergarten, dem Roten Saal, dem Florentiner Saal, dem Saal der 1000 Kerzen, wo Dostojewski einst sein Vermögen verlor, dem Salon Pompadour. Edouard Bénazet veranlasste 1853 die prunkvolle Gestaltung der Spielbank im Stile französischer Schlösser des 17. und 18. Jahrhunderts. Die Dekoration wurde von französischen Kunsthandwerkern in Paris gefertigt und hier zusammengesetzt. Täglich vormit-

Blick in den Roten Saal

tags zwischen 10 und 12 Uhr finden hochinteressante Führungen durch das Casino und seine Geschichte, garniert mit zahllosen Anekdoten und Histörchen, in jeder gewünschten Sprache zum Preis von 4,– Euro statt. Und ohne Einsatz kann der Besucher dabei lauschen, wie es klingt, wenn die Kugel rollt.

Bereits 1748 ist das konzessionierte Glücksspiel erstmals urkundlich erwähnt.

Seit über 200 Jahren wird in Baden-Baden das Spiel mit dem Zufall gespielt.

Kurviertel an der Oos

Eine bewegte Geschichte hat das **Kurhaus**, in dem sich im Erdgeschoss das Casino befindet. Es entstand 1821 als „Konversationshaus" mit den heute noch typischen Säulen, geplant von dem berühmten Baumeister **Friedrich Weinbrenner**. Beim erneuten Umbau 1912–1916 entstand das heutige Foyer mit der breiten Treppe zum Festsaal. 1971/72 wurden an das Casino der Amerikanische Saal und eine Piano-Bar angebaut.

Leo Tolstoi und Baden-Baden

„Roulette bis sechs Uhr abends. Alles verloren."
Dieser Tagebucheintrag von Leo Tolstoj in Baden-Baden am 14. Juli 1857, der in kurzer Form die ganze Tragik eines Spielers beschreibt, ist weltberühmt. Aber, anders als Dostojewski, brachte das Roulette ihn nicht an den Rand des Ruins. Er blieb ein wohlhabender Mann, der sich wenige Jahre später in seinem geliebten Russland ein Landgut kaufte, wo er mit seiner Frau Sophia, einer Schriftstellerin und Gutsbesitzertochter, und den gemeinsamen 13 Kindern lebte und arbeitete. Dort entstanden auch seine bedeutendsten Romane „Krieg und Frieden" und „Anna Karina", die mit seiner nuancenreichen Sprachgestaltung und seiner stilistischen Vielfalt ihn weltberühmt machten. Beide Bücher zählen zu den bedeutendsten schriftstellerischen Werken des 19. Jahrhunderts. Als er 1910 im Alter von 82 Jahren starb, genoss er längst weltweite Popularität. Der berühmte Neoklassist Paul Ernst würdigte den Schriftsteller in einem Nachruf als „der letzte der Generation großer europäischer Dichter". Auch Nobelpreisträger Thomas Mann zählte zu seinen großen Verehrern. Mit seinem 1921 veröffentlichten Beitrag „Goethe und Tolstoj" setzte er ihm ein Denkmal.

Von den Kolonnaden aus gelangt man zum Goetheplatz

Goetheplatz

Der **Goetheplatz**, benannt nach dem deutschen Dichterfürsten Johann Wolfgang von Goethe, ist der zentrale Platz des Kurviertels. Der autofreie Platz in exzellenter Lage wird umsäumt von einem der schönsten Theater Deutschlands, dem Kurhaus mit Casino, der Kunsthalle und dem Kongressbau. Von Ferne grüßt die Stiftskirche, hier beginnt auch die traumhafte 2300 Meter lange Lichtentaler Allee. Vom Goetheplatz sind es nur wenige Minuten zur Innenstadt. Den Wagen lässt man besten in der Kurhaus-Tiefgarage stehen.

Leopoldsplatz

Der zentral gelegene **Leopolds-platz** hat seinen Namen vom Groß-herzog Leopold (1790–1852). Als Dank für seine Förderung der Kurstadt zum Weltbad setzten ihm die Bürger ein Denkmal, das im zweiten Weltkrieg eingeschmolzen wurde. Seit 1991 ziert wieder eine vom französischen Künstler Antoine Poncet geschaffene Plastik des Großherzogs den Platz, der wegen der auf ihn zulaufenden Geschäftsstraßen auch „Schau-fenster der Kurstadt" und sogar „Badener City" genannt wird.

Oskar Rößler, der forschende Apotheker

Der Hofapotheker Oskar Röß-ler zählt zu den bedeutend-sten Persönlichkeiten seiner Vaterstadt. Über Jahrzehnte erforschte er im Laborato-rium seiner Hofapotheke das Thermalwasser und den Thermalschlamm mit Blick auf die Auswirkungen auf den menschlichen Körper. Mit seinen Forschungen schuf er die Grundlage für die Entdeckung eines chemi-schen Stoffes, dem Radiotho-rium. Die Entdeckung brach-te ihm weltweite Anerken-nung und einen Ehrenplatz im Deutschen Museum in München ein.

Fußgängerzone mit Hofapotheke

errichteten hatten: Markgraf Ludwig Wilhelm und seine Gemahlin Sibylla Augusta.

Die wichtigsten nahen Verbindungen zwischen Altstadt und Marktplatz sind die so genannten **Jesuitenstaffeln**, von denen nach links die Verbindungstreppe zum Rathaus abzweigt. Hier steht ein Denkmal des Reichskanzlers Fürst Otto von Bismarck. Es erinnert an die Besuche Bismarcks in Baden-Baden, wo er mit Kaiser Wilhelm heftige Diskussionen um die Städteneuordnung im deutschen Reich führte. Praktisch: Direkt am Jesuitenplatz befindet sich ein Bürgerbüro, wo auch Touristen jederzeit alle Informationen über Baden-Baden erhalten können.

Jesuitenplatz/Rathaus

Die Jesuiten waren neben den Kapuzinern und den Klosterfrauen vom **Heiligen Grab** eng mit der Geschichte von Baden-Baden verbunden. Im Zuge der Gegenreformation hatte sie der Markgraf ins Land gerufen. Als der Jesuitenorden 1773 aufgehoben wurde, wurde aus ihrem Kloster und Kolleg zunächst ein Konversationshaus mit Spielräumen und Ballsälen. Später, 1862, zog die Stadtverwaltung in das Gebäude ein. Bis heute ist das Gebäude das **Baden-Badener Rathaus**. Der hübsche Putzbau trägt in der Mitte des Korbbogens über dem Eingang das Allianzwappen von Baden und Lauenburg als Erinnerung an die eigentlichen Bauherren, die dieses Haus 1698–1703

Das dreistöckige Rathaus wurde als Jesuitenkolleg erbaut

Das Friedrichsbad gilt als schönstes Thermal-Badehaus

Friedrichsbad

1871 nach dem deutsch-französischen Krieg und der Schließung der Spielbank wurden in Baden-Baden die Badefreuden neu entdeckt, vor allem auch um Gäste anzulocken. Auf Anregung Großherzogs Friedrich I. wurde nun unmittelbar bei den Thermalquellen im Renaissance-Stil ein monumentaler Badetempel gebaut, **das Friedrichsbad** – nach dem Großherzog benannt. Es gilt noch heute als eines der schönsten Thermalbäder der Welt. Mit dem Friedrichsbad festigte Baden-Baden seinen Ruf als Thermalbad weltweit. Besonders eindrucksvoll: Der dem einstigen Römerbad nachempfundene Kuppelbau mit 17,5 Meter Höhe und dem einzigartigen Badebecken mit Marmor aus Carrara.

Am Fuße des Florentinerberges befindet sich die Fettquelle

Der Friedrichsstollen ist einer der Zugänge der Thermalquellen der Stadt

Friedrichsbad

Kloster vom Hl. Grab

Zwischen dem Friedrichsbad und den Caracalla Thermen steht das **Kloster vom Heiligen Grab**. 1670 hatte Markgräfin Maria Franziska zusammen mit ihren Gatten Leopold Wilhelm den Nonnen des Ordens „Ad sanctum sepulchrum" das Grundstück der ehemaligen Badeherberge „Zum Ungemach" geschenkt und durch eine Stiftung den Bau des Klosters „zum Heiligen Grab" und einer Klosterkirche ermöglicht. 1688 war der Neubau vollendet und am 1. Oktober 1700 wurde in der Klosterkirche die erste Messe gelesen. Aufgabe der Ordensfrauen war es, sich verstärkt der Ausbildung von Mädchen und jungen Frauen zu widmen. 1921 wurde die Klosterschule eine Anstalt des öffentlichen Rechts, die in Volks-, Real- und Handelsschule ein breites Wissen vermittelte. 1970 wurde die Schule ein Vollgymnasium, das 1991 an die Schulstiftung der Erzdiözese Freiburg übergeben wurde. Im November 2001 schloss das traditionsreiche Kloster selbst aufgrund von Nachwuchsmangel seine Pforten für immer. Die Klosterräume werden heute vom größ-ten Gymnasium Baden-Badens als Unterrichtsräume genutzt.

Bernhard von Baden

Zu den bekanntesten historischen Persönlichkeiten des Hauses Baden zählt Bernhard von Baden. Obwohl er schon mit 30 Jahren 1458 auf einer Reise als kaiserlicher Gesandter in Moncalieri im Piemont starb, ist seine Ausstrahlung im Volk bis heute ungebrochen. Er führte ein streng religiöses Leben und entsagte allen weltlichen Vergnügungen. Sein Jahreseinkommen gibt er zu einem Drittel den Armen, ein Drittel der Kirche, nur ein Drittel verwendet er für sich. Im Auftrag des Kaisers Friedrich III. warb er unermüdlich für den Kreuzzug gegen die Türken. 1769 wird er selig gesprochen und sein Grab vor dem Hochaltar der Kirche in Moncalieri Santa Maria della Scala ist viel besuchter Wallfahrtsort. Bernhard von Baden wird im Volk als Landespatron hoch verehrt.

Schlosstafeln

Frauenkloster vom Hl. Grab

Stiftskirche, Schloss, Friedrichsbad und das Kloster zu Füßen des Florentiner-

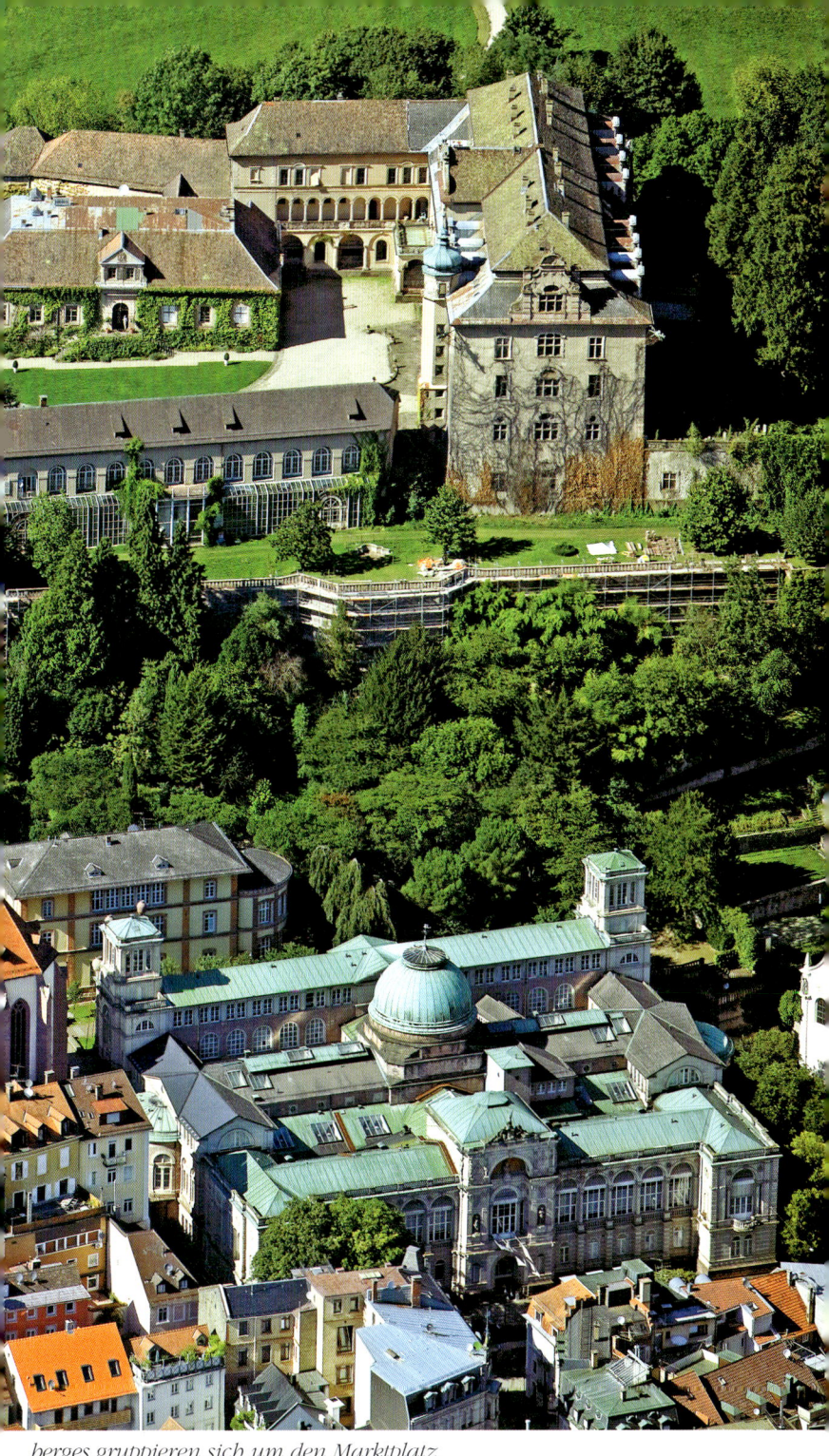

berges gruppieren sich um den Marktplatz.

Ein Flügel des Neuen Schlosses

Schloss

Das **Neue Schloss** in Baden-Baden, eines der letzten Residenzschlösser Deutschlands, befindet sich stadtnah auf dem Florentinerberg. Die Burganlage stammt aus dem 14. Jahrhundert. Seine heutige Gestalt als Renaissanceschloss erhielt es von dem kunstsinnigen Regenten Markgraf Philipp II. Bis 1923 war das Schloss durch die Mitglieder der Markgrafenfamilie, zuletzt durch die Witwe von Markgraf Friedrich I., Luise von Preußen, bewohnt. Seither verfiel das Gebäude zusehends, da die Markgrafenfamilie die Kosten für die Sanierung nicht aufbringen konnte. 1995 wurden das Inventar und die Kunstschätze bei einer weltweit beachteten Auktion versteigert. Im Januar 2003 erwarb die kuwaitische Firmengruppe Al Hassawi das Gebäude. Sie plant, aus dem Schloss ein Luxushotel zu machen.

Kaspar Hauser – Legende oder Mythos

Bis heute ist das Rätsel ungelöst, ob Kaspar Hauser der Sohn von Großherzog Karl von Baden und seiner Gattin Stephanie war – und das, obwohl sich mehr als 2000 Bücher und an die 15 000 Broschüren mit dem Fall beschäftigen. Kaspar Hauser war am 28. Mai 1828 in Nürnberg aufgegriffen worden. Er konnte nur den Namen Kaspar Hauser schreiben und den Satz sprechen „Ein Reiter will ich werden wie mein Vater einer war." Seine ungeklärte Herkunft weckte bei Regenten und Wissenschaftlern in ganz Europa großes Interesse. Seine Ähnlichkeit mit Mitgliedern des großherzoglichen Hauses Baden ließ die Vermutung aufkommen, er sei als letzter Angehöriger der Zähringer Linie aus dem Weg geräumt worden, um der Hochbergschen Linie des Hauses Baden die Erbfolge zu ermöglichen. Er starb schließlich 1833 nach dem dritten Attentat auf ihn durch Stiche in den Unterleib. Neueste Genanalysen seiner Haarlocke und Schweißresten an seinem Hut durch das Institut für Rechtsmedizin der Universität Münster schließen nicht aus, dass Kaspar Hauser mit dem Haus Baden verwandt war.

*Die Stiftskirche
(St. Peter und Paul)
ist seit 1245 als
Pfarrkirche bezeugt*

Stiftskirche

Die **Stiftskirche** auf dem Markt-platz am Florentinerberg zählt zu den kunsthistorisch bedeutsam-sten Bauwerken von Baden-Baden. Zugleich ist sie das älteste Bauwerk der Altstadt. Sie hatte ursprünglich die heute noch am Eingang grüßenden Apostel Petrus und Paulus zu ihren Patronen. Die im romanischen Stil erbaute Basilika wurde mehrfach umge-baut und erweitert. Erstmals im 15. Jahrhundert in spätgotischem Stil umgestaltet. Zugleich gründete Markgraf Jakob I. ein Kollegiats-stift zur religiösen und kulturellen Betreuung der Gläubigen. Seither hieß die Kirche Stiftskirche und die Patronin wurde nun „Unsere liebe Frau". Ihre heutige Form hat sie einer Regotisierung im 19. Jahrhundert zu verdanken. Im Chor der Stiftskirche haben 14 Markgrafen des Hauses Baden ihre letzte Ruhe gefunden. Ein-malige Kostbarkeiten im Kirchen-innern sind das spätgotische Sakramentshäuschen und ein Kru-zifix im Hochchor von Nikolaus von Leyden aus dem Jahr 1467.

Dampfbad

Ebenfalls am Marktplatz befindet sich das ehemalige, so genannte alte Dampfbad. Es wurde durch Baudirektor Heinrich Hübsch von 1846–1851 im toskanischen Stil errichtet. Die Ursprungsquelle im Innern versorgte die Badekabinen und die Inhalationsräume. Doch bald erwies sich das Dampfbad als zu klein und nicht mehr den Ansprüchen der Gäste gewachsen. Daher planten Regierung und Großherzog den Bau des Fried-richsbades. Heute wird das Gebäude durch die Gesellschaft Freunde junger Kunst Baden-Baden e. V. für Sonderausstellun-gen genutzt. Kennzeichen des Hauses sind auf langen Stelzen drei Tonkrüge des Künstlers Franz Stähler.

Römische Bäder – Caracalla-Therme

Zu den ganz besonderen Highlights Baden-Badens zählt die 1985 unmittelbar am Kurmittelhaus eröffnete **Caracalla-Therme**. Über eine halbe Million Besucher jährlich sind begeistert von der Architektur, dem Ambiente, der Konzeption und der Qualität dieses Bäderbaus, der nach dem badefreudigen römischen **Kaiser Caracalla** benannt ist und folgerichtig am Römerplatz 1 liegt. Auf einer Fläche von über 3000 Quadratmetern werden den Besuchern Genuss und Entspannung pur geboten. Die an einen antiken Tempel erinnernde Badelandschaft ist für ihre Vielfalt und zeitlose Eleganz in der ganzen Welt bekannt. In einem großen Innenbecken mit 32 Grad Wassertemperatur und in zwei großen in Marmor gefasste Außenbecken mit 30 und 34 Grad lässt es sich vortrefflich tummeln. Im weitläufig gestalteten Innenbereich befindet sich auch eine Felsengrotte mit heißem und kaltem Wasser. Der großzügige Außenbereich umfasst zwei große Marmorbecken, einen Strömungskanal, einen Wasserfall und zwei Whirlpools. Ein Hochgenuss verspricht die römische Saunalandschaft mit ihren Mosaiken, Säulen und Museumsstücken aus der Zeit, als die Römer noch in Baden-Baden waren. Geöffnet ist täglich von 8–22 Uhr und die Eintrittspreise inklusive Saunalandschaft sind durchaus moderat.

Skulptur vor den Caracalla-Thermen

Stilvoll wurde an diesem Platz schon seit 1893 im ehem. Augustusbad gebadet.

Heute besuchen über 1500 Badehungrige die Therme.

Die kleine Kirche vor der Kulisse der Caracalla-Therme ist die ehemalige Kirche des Städtischen Spitals. Spital, Kirche und Friedhof lagen einst außerhalb der Stadtmauern, weil Kranke nicht ins Stadtbild passten. Das Städtische Spital selbst wurde 1962 im Zuge des Neubaus des Kurmittelhauses abgerissen, lediglich die kleine Kirche blieb und wurde restauriert. Hier finden die Gottesdienste der altkatholischen Gemeinde Baden-Badens statt. Beachtenswert sind Tabernakel, Altarkreuz und Ewiges Licht in modernem Stil. Sie wurden ebenso wie die Kirchenbänke durch den Heidelberger Künstler Harry Mc Lean entworfen. Gleich hinter der Kirche blickt der Besucher auf eine große Steinskulptur. Es ist der Ölberg, ein Monument von 1422, wie es im Mittelalter in vielen Städten errichtet wurde zur Erinnerung an den Garten Gethsemane, wo Jesus einst vor seiner Gefangennahme betete. Der Künstler ist nicht bekannt.

Die älteste Kirche der Stadt ist die Spitalkirche

„Ölberggruppe"

Dostojewski

Schicksalhaft sind der große russische Dichter Fjodor Michailowitsch Dostojewski (1821–1881) und Baden-Baden verbunden. Auf seiner ersten Europareise (1861) war der Autor „Der armen Leute" nach Baden-Baden gekommen, wo er das Casino kennen lernte. Seitdem ließ ihn die Elfenbeinkugel nicht mehr los. Als er 1865 wieder nach Baden-Baden kam, war er schon hoch verschuldet. Unter finanziellem Druck verpflichtete er sich gegenüber dem Petersburger Verleger Stellowski, bis zum 1.11.1866 einen neuen Roman zu liefern. In nur vier Wochen diktierte er einer 19-jährigen Schreibkraft, Anna Grigorjewna, den Roman „Igrok", zu Deutsch „der Spieler". Er heiratete seine Anna und versteckte sich mit ihr vier Jahre in Westeuropa vor seinen Gläubigern. Am 4. Juli 1867 kam das Paar wieder nach Baden-Baden. Er versuchte in der Spielbank sein Glück

und am 23. August hatte er nach vielen Gewinnen und Verlusten genug Geld, um Baden-Baden zu verlassen. „Ich war glücklich, dass wir aus dieser verfluchten Stadt wegfahren konnten", schrieb Frau Dostojewski in ihr Tagebuch. Danach hat er sich endgültig vom Glücksspiel losgesagt. Er kehrte nach Russland zurück und schrieb sein großes Werk „Die Brüder Karamasow" Als er im Februar 1881 starb, nahmen Zehntausende Abschied von dem großen Dichter.

Wo Dostojewski wohnte – Bäderstr. 2

Baden-Baden hat dem großen russischen Dichter mehrere Denkmäler gesetzt. Am Haus **Bäderstraße 2**, wo er mit seiner Frau Anna beim Besuch 1867 über einer Schmiede zwei bescheidene Zimmer angemietet hatte, erinnert seine Büste mit dem Buch „Der Spieler" an ihn und seine Zeit in Baden-Baden und im Spielcasino. Dabei hatte er an dieses Haus sicher keine guten Erinnerungen. Der Lärm im Haus zehrte an den Nerven des neurotischen Dichters und seiner hochschwangeren Frau. Während er den ganzen Tag in der Spielbank saß, ging seine Frau spazieren. Abends kam es oft zum Streit, wenn er wieder alles verspielt hatte. Seit 2004 steht auf dem Platz der Badischen Revolution nahe bei den Caracalla Thermen im Rotental eine drei Meter hohe Bronzestatue des Dichters (siehe Bild oben). Sie weist auf seinen Aufenthalt in Baden-Baden und die schicksalhafte Verkettung zwischen dem Dichter und Baden-Baden hin und wurde von dem berühmten russischen Künstler Leonid Baranov geschaffen. Die Statue selbst wurde von der Moskauer Zenit-Bank gestiftet.

Am Augustaplatz die neugotische Stadtkirche von 1864.

Neben dem **Leopoldsplatz** ist der **Augustaplatz** das zweite Zentrum in der Innenstadt. Beide Plätze werden durch die Lichtentalerstraße verbunden, die vor allem durch zahlreiche mondäne und elegante Geschäfte bekannt ist. Der Augustaplatz wurde nach der deutschen Kaiserin Augusta benannt, der Gattin des Kaisers Wilhelm I.. Sie war eine große Gönnerin der Stadt und kam entweder alleine oder mit ihrem Mann fast 40 Jahre zweimal jährlich nach Baden-Baden. Der Platz in seiner heutigen Gestaltung entstand in den 70er Jahren. Über einer Tiefgarage sorgen ein See mit zahlreichen Springbrunnen und viel Grün für eine grüne Oase inmitten der Stadt. Am Augustaplatz liegen zahlreiche wichtige Gebäude, so wie das Mitte der 60-er Jahre entstandene Kongresshaus, das Palais der Fürstin Isabella Gargarina, das heute als Städtisches Standesamt genutzt wird und die weithin sichtbare evangelische Stadtkirche mit neugotischer Doppelturmfassade.

Palais des Fürsten Gargarin

An der Südseite des Augustaplatzes befindet sich das Kongresshaus

Badische Gastlichkeit erstklassige Hotels

Gemütliche Gaststuben, edles Porzellan, schöne Gläser, gibt es überall in deutschen Landen. Aber all dies ist in Baden-Baden selbstverständlich, einfach das Fundament, auf dem die viel gerühmte badische Küche steht. Schon seit jenen Zeiten, als die Römer die Stadt besuchten, weiß man hier, wie man einen Gast mit Speis und Trank glücklich machen kann. Nirgends in ganz Deutschland gibt es mehr Qualitätssterne für gehobene Kochkunst als in Baden und Umgebung. Was in Baden-Baden aus Küche und Keller auf den Tisch kommt, bezeichnen selbst kulinarisch verwöhnte Gäste als hervorragend und phantastisch. Internationale Rezepte werden oft mit der berühmten badisch - elsäßischen Küche zu einem wunderbaren Mahl vereinigt. Dazu wird ein Wein kredenzt, der hier an den sonnigen Hängen wächst und zu den Besten Deutschlands zählt. Kein Zweifel, die badische Region ist ein kulinarisches Schlaraffenland. Bedingt durch das milde Klima wächst hier alles im Überfluss und Genießer haben hier ihr Paradies auf Erden.

Hotel Badischer Hof

Restaurant Medici

„Wallstreet"

Europäischer Hof, ein Steigenberger Hotel

Theater

Das 1860–1862 im Stil des Neobarock erbaute **Theater** fasziniert nicht nur mit der wunderschönen Fassade und der prachtvollen Innenausstattung im Stil der Pariser Oper, sondern auch mit einem modernen und abwechslungsreichen Programm, das immer wieder Bezüge zur damaligen Sommerhauptstadt Europa aufnimmt. Seit 1910 besitzt es ein eigenes Schauspielerensemble. Eröffnet wurde es 1862 mit der Uraufführung der Oper „Beatrice et Benedict", von Hector Berlioz, eigens für diesen Anlass komponiert, und persönlich dirigiert.

Am Eingang zur Lichtentaler Allee befindet sich eines der schönsten Theater Deutschlands.

Lichtentaler Allee

Die Kunsthalle wurde 1909 erbaut

Die **Lichtentaler Allee** ist eine 2300 m lange Promenade, die von der heutigen Altstadt der Oos entlang durch einen herrlichen Landschaftspark zum Kloster Lichtental führt, begleitet von Eichen, Buchen, Mammut-, Geweih- und Tulpenbäumen, die unter Naturschutz stehen. Die Blumenpracht ist einmalig. Im März blühen hier über 100 000 Narzissen, im Mai 25 000 Tulpen und mehr als 50 000 Beetpflanzen und die blühenden Magnolien. Auf eine Anpflanzung von 1655 zurückgehend, bekam die Allee ihre Bedeutung, als 1766 das Promenadenhaus vor den Mauern der Altstadt gebaut wurde und eine Promenadestraße mit einer vierreihigen Kastanienallee zur Altstadt geschaffen wurde. An der Lichtentaler Allee liegen die Trinkhalle, die Kunsthalle und das Frieder Burda Museum.

Frieder Burda Museum

Stadtmuseum

Das Stadtmuseum ist seit 2004 im so genannten Alleehaus untergebracht. Es gehörte einst den Markgrafen von Baden und war ursprünglich ein Gutshof. 1872 wurde dann das heutige Gebäude errichtet. Die private Scherer-Stiftung ermöglichte die Verlagerung des Stadtmuseums aus dem „Baldreit" und dem Marstall des Neuen Schlosses. Für großformatige Ausstellungstücke wurde ein Anbau hinzugefügt. Damit kann die Stadtgeschichte Baden-Badens in einem Haus dargestellt werden. Im Erdgeschoss ist alles zu sehen, was mit Baden und Kuren zusammenhängt – die Geschichte Baden-Badens als internationaler Kurort im 19. Jahrhundert ist ausgezeichnet dargestellt. Im ersten Obergeschoss wird die Geschichte Baden-Badens von den Römern bis heute dokumentiert. Dort kann man beispielsweise erfahren, dass es schon bereits 1858 im Vorort Iffezheim eine Galopprennbahn gab oder dass 1767 von der badischen Regierung ein landesweites Spielverbot erlassen wurde, mit Ausnahme für das Casino von Baden-Baden. Das Dachgeschoss beherbergt Spezialsammlungen wie böhmisches Glas, historisches Spielzeug, Münzen und Medaillen. Im neu errichteten gläsernen Pavillon sind Steindenkmäler und plastische Bildwerke von der Römerzeit bis zur Gegenwart zu sehen. Im zweiten Stock kann der Besucher über einen Bildschirm Archivfilmmaterial anschauen, das das ortsansässige SWR-Studio für das Museum zusammen-geschnitten hat. Unter den Flaneuren in der Lichtentaler Allee ist da auch Mark Twain zu sehen und zu hören, der die Lebensqualität von Baden-Baden in den höchsten Tönen pries.

Das Stadtmuseum im „Alleehaus"

Ivan Turgenjew

Neben der Lichtentaler Allee erstreckt sich der Kurpark. Von der Allee aus auf der linken Seite befindet sich die Büste von **Ivan Turgenjew**. Der berühmte russische Schriftsteller wohnte zeitweise in Baden-Baden. Seine Eindrücke verewigte er in seinem Roman „Rauch". Dadurch ging das Baden-Badener Hotel Europäischer Hof in die Weltliteratur ein. Die Villa Turgenjew in der Fremersbergstraße 47 ist in bestem Zustand erhalten, der Öffentlichkeit allerdings nicht zugänglich.

Südwestfunk

Aus den Gästezimmern des Hotels „Kaiserin Elisabeth" wurde 1946 die erste Sendung des Südwestfunks Baden-Baden ausgestrahlt. 1998 vereinigte sich der Südwestfunk mit dem Süddeutschen Rundfunk zum Südwestrundfunk für die Länder Baden-Württemberg und Rheinland-Pfalz. Der Südwestrundfunk ist nach dem Westdeutschen Rundfunk die zweitgrößte ARD-Anstalt. In seinem Sendegebiet leben 15 Millionen Menschen. In Baden-Baden ist die Fernseh- und Hörfunkdirektion angesiedelt.

Auf der Lichtentaler Allee befindet sich auf der rechten Seite die Büste der Kaiserin Augusta. Augusta war zur Hälfte Russin, denn sie war die Nichte des russischen Zaren Alexander I. Augustas Mutter, Großherzogin Maria Pawlowna von Sachsen-Weimar-Eisenach, war eine Schwester des russischen Zaren Alexander I. — ein Beispiel für die vielfältigen ver-

wandtschaftlichen Beziehungen der Herrscherhäuser untereinander, hier zwischen Weimar, Baden und den Romanows. Die Marmorbüste ihres Mannes, vom Kaiser Wilhelm I. steht auf einem Granitsockel im Eingang der Trinkhalle unter dem mittleren Eingangsbogen. 40 Jahre lang kam Wilhelm – als Prinz, Prinzregent, König und letztlich Kaiser – nach Baden-Baden.

*Kaiserin Augusta erfreute sich
weniger an Prunk, sondern eher an
der Schönheit der Lichtentaler Allee*

Gönneranlage

Mitten in der Lichtentaler Allee direkt an der Oos liegt die nach dem damaligen Oberbürgermeister benannte 1912 errichtete **Gönneranlage**. Mit strengen geraden Linien war sie der Raumkunst der englischen Gärten nachempfunden. Mittelpunkt ist der Josefinenbrunnen mit seiner zentralen Doppelschale. Nach dem Krieg wandelte Gartendirektor Rieger den wenig attraktiven Garten in einen Rosengarten um. Zur Eröffnung 1952 kam sogar ein berühmter Rosenfreund, der damalige Bundeskanzler Dr. Konrad Adenauer.

Auf dem Beutig

Heute wachsen in der Gönneranlage 360 verschiedene Rosensor-
ten, harmonisch in die Umgebung
von Skulpturen und Brunnen ein-
gebunden. Ein weiteres Rosenpara-
dies ist der Rosengarten auf dem
Beutig mit zahlreichen Neuzüch-
tungen in den kühnsten Formen,

Farben und Düften, die Rosen-
freunde aus aller Welt zum internationalen Rosenneuheiten-Wettbe-
werb nach Baden-Baden locken.
Von Mitte April bis zum Herbst ist
der Rosen-Neuheiten-Garten auf
dem Beutig von 9 Uhr bis zum
Sonnenuntergang geöffnet.

Rosenstadt Baden-Baden

Baden-Baden zählt mit Rom, Madrid, Paris in Europa zu den Städten, die die schönsten Rosen-Neuheitengärten haben. In Deutschland ist Baden-Baden die bedeutendste Rosenstadt. Liebhaber, Züchter und über 100 Preisrichter aus aller Welt treffen sich jedes Jahr im Juni auf dem leicht nach Südosten abfallenden Gebiet „auf dem Beutig" an der Moltkestraße, um hier die schönste Königin aller Blumen zu küren. Die Anforderungen sind sehr hoch und wer in Baden-Baden gewinnt, dessen Rosen werden den Siegeszug um die ganze Welt antreten. Etwas ganz besonderes: Im Juni/Juli werden die Rosenbögen vor Einbruch der Dämmerung für die Besucher bis Mitternacht angestrahlt.

Berühmte Baden-Badener Hotels mit Geschichte

In traumhafter Lage direkt an der Oos inmitten eines legendären Parks mit Blick auf die Lichtenallee liegt das 130 Jahre alte **Brenners Park-Hotel & Spa**. Das Grandhotel mit fünf Sternen (Bild) ist der Luxusliner aller Hotels in Baden-Baden. Kaiser und Könige wohnen hier und hier war es auch, wo Bundeskanzler Adenauer und Frankreichs Staatschef de Gaulle 1962 in einem Spitzengespräch die Weichen für die Vereinigung Europas stellten.

Auf dem herrlichen Grundstück an der Oos stand ursprünglich die Villa des Barons von Helldorf. Sie wurde 1887/88 zum Hotel Minerva umgebaut. 1912 erwarb es der Hotelier des benachbarten Hotels Stephanie les Bains, Camille Brenner und nannte es Brenners Parkhotel Kurhof. Heute gehört das Hotel der Familie Oetker.

Auch das **Atlantic Parkhotel**, ehemals der Englische Hof, direkt an der Oos, gegenüber dem Theater und dem Kurhaus-Casino, blickt

Brenners Park-Hotel & Spa

auf eine reiche Geschichte zurück. In der Belle Epoque logierten hier z. B. Fürst Bismarck und Franz Liszt 1863 anlässlich des 3-Kaiser-Treffens Franz Joseph v. Österreich, Zar Alexander und Napoleon III.

Der Architekt W. Potemkin setzte auf Veranlassung der Zarentochter die Pläne zum Bau der russischen Kirche um.

Russische Kirche

Die russische Kirche „zur Verklärung des Herrn" an der Lichtentaler Straße gehört heute der **russischorthodoxen Kirche** in Deutschland, die hier regelmäßig Gottesdienste zelebriert. Die dreischiffige Kirche aus Sandstein mit goldenem Zwiebelturm auf dem Grundriss eines griechischen Kreuzes wurde von dem Petersburger Architekten Iwan Strom entworfen und 1881/82 von Wladimir Potemkin erbaut. Das Grundstück war ein Geschenk der Stadt Baden-Baden. Das Mosaik über dem Portal und der prächtige Innenraum wurden nach Entwürfen des russischen Fürsten Grigor Gagarin ausgeführt.

Palais Biron

Das **Palais Biron**, ein im französischen Neobarock errichteter Villenbau, liegt unmittelbar bei der Pfarrkirche St. Josef in einem weitläufigen Park, der bis an die Oos reicht. 1912 Umbau im Jugendstil. 1920 erwarb Prinzessin Francoise Biron die Villa, die dem Gebäude den heutigen Namen gab.

Palais Biron

Heute Hauptgeschäftsstelle der Industrie- und Handelskammer Karlsruhe und Tagungshaus der Wirtschaft.

Kloster Lichtental

Am Ende der Lichtentaler Allee steht das markante **Kloster Lichtental**. Es wurde 1245 durch die Markgräfin Irmengard gegründet, die hier nach dem Tod ihres Gatten, Markgraf Hermann von Baden, zurückgezogen ihren Lebensabend verbringen wollte. Die großzügig geplante dreieckige Klosteranlage mit Abtei-, Konvent-, Ökonomie- und Schulgebäude,

Klosterkirche, Fürsten- und Einsiedlerkapelle ist noch vollständig erhalten. Seit über 750 Jahren leben hier Zisterzienserinnen. Im Klostergebäude ist auch die Grundschule des Stadtteiles Lichtental untergebracht.

Ein besonderes Schmuckstück des **Klosters Lichtental** ist die gotische Klosterkirche „Unsere liebe Frau zu Lichtental" aus dem 14. und dem 15. Jh.. Entsprechend dem strengen Baustil des Ordens wirkt die Kirche schmucklos und kennzeichnend ist der erhöhte Frauenchor, in dem die Nonnen abgetrennt durch ein schmiede-

Die Zisterzienserinnen-Abtei Lichtenthal liegt am Fuße des Cäcilienberges.

35

Sehenswert sind die Figuren am Portal der Fürstenkapelle, die Gerungus und Uta von Schauenburg zeigen

Hermann V. Mit dem Bau der **Fürstenkapelle** wurde 1288 begonnen. Sie war bis 1372 Grablege der badischen Markgrafen. In einer Nische steht auch die Holzstatue des badischen Landespatrons Bernhard von Baden. Sehenswert ist die in den Boden der Kapelle eingelassene Herzgruft, in der die Herzen von 9 Mitgliedern der Fürstenfamilie Badens in silbernen Kapseln beigesetzt sind. Unwillkürlich fällt der Blick auf die Schlüsselmadonna, der die Äbtissin bei Gefahr die Schlüssel des Klosters anvertraut hat. Für die Schwestern der Grund, warum das Kloster durch all die Jahrhunderte alle Kriege unbeschadet übestanden hat.

eisernes Gitter den Gottesdiensten beiwohnten. Ins Auge fällt die sechseckige bemalte Steinkanzel des elsässischen Bildhauers Thomas König aus dem Jahre 1606 mit einem Bild des Ordensstifters Bernhard von Clairveaux und dem Zisterzienser-Wappen. Vor dem Hochaltar ruhen die Stifterin Irmengard und ihr Ehemann

Johannes Brahms *(1833–1897), zählt zu den bedeutendsten deutschen Sinfonikern. Sein Gesamtwerk umfasst alle Gattungen der Musik, ausgenommen die Oper. Seine Klaviertrios und Klavierquartette sowie die Cello- und Violinsonaten sowie seine Lieder zählen zu den*

wichtigsten Kompositionen in der Kammermusik. Brahms wurde 1833 als Sohn eines Berufsmusikers in Hamburg geboren. Er starb 1897 hoch geehrt als Hamburger Ehrenbürger. Außerdem war er Mitglied der erlesenen Berliner Akademie der Künste und Ehrenpräsident des Wiener Tonkünstlervereins. Sein bekanntestes Werk ist das „Deutsche Requiem". Im Volk unvergessen ist er bis heute durch das Lied „Guten Abend, gute Nacht."

Das hübsche Haus auf dem Hügel

Im Stadtteil Lichtental liegt auf einer Anhöhe **„das hübsche Haus auf dem Hügel"**. So hat **Johannes Brahms** sein Feriendomizil genannt. Hier wohnte er immer wieder in den Jahren 1865 bis 1876 und viele seiner Werke entstanden hier in dem Zimmer mit den blauen Tapeten. So Teile des Deutschen Requiem und der Liebeslieder-Walzer. Hier schrieb er auch die 1. und die 2. Sinfonie, der er den Namen „Lichtentaler Sinfonie" gab. Oft führte ihn von hier aus der Weg zu einem nahe gelegenen Haus an der Oos, wo seine Freundin Clara Schumann lebte. Sie war für Brahms, der nie heiratete, die wichtigste Frau im Leben. Er war in die geistreiche, gebildete Frau und begnadete Klaviervirtuosin verliebt und lebte 1854–56 mit ihr zusammen. Doch 1857 beendete er die Beziehung mit der 14 Jahre älteren Frau, blieb aber zeitlebens eng mit ihr befreundet. Er stand ihr bei, als ihr Mann, der Komponist Robert Schumann, in geistiger Umnachtung an den Folgen einer Syphilis-Krankheit starb und er unterstützte sie auch finanziell. Clara Schumann zog 1863 nach Baden-Baden und bestimmt war dies auch der Grund, warum Brahms immer wieder Baden-Baden besuchte. Der Brahmsgesellschaft Baden-Baden e. V. gelang es, das Haus auf dem Hügel zu erwerben und es, als einzige heute noch erhaltene Wohnung von Brahms, der Nachwelt zu erhalten. In dem Haus ist heute das Brahmsmuseum mit zahlreichen Exponaten von Johannes Brahms und Clara Schumann untergebracht.

Das Brahmshaus ist die einzig erhaltene Wohnung des Künstlers.

„Ich habe hier eine wunderschöne Wohnung gefunden und unglaublich billig, so dass ich mich ohne Gewissensbisse an der schönen Aussicht erfreuen kann"

Johannes Brahms 1865

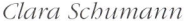

Clara Schumann   *Johannes Brahms*

Die Burgruine Hohenbaden, Altes Schloss genannt

Altes Schloss und Battert

Das **Schloss Hohenbaden**, auch Altes Schloss genannt, war der erste Stammsitz der Markgrafen von Baden. Mit dem Bau wurde 1102 begonnen und im 13. und 14. Jh. wurde das Schloss immer wieder erweitert. Zu seinen Glanzzeiten hatte es 100 Zimmer. Ende des 16. Jahrhunderts hat ein Brand den größten Teil der Burg zerstört. 1978 bis 1980 wurden Bergfried, Turm und Schildmauer aufwendig restauriert. Der Besucher kann jetzt auf den großen Turm steigen und den Rittersaal besuchen. Vom Turm hat man eine herrliche Rundsicht über Baden-Baden, die Rheinebene und die Vogesen. Seit 1999 befindet sich im Rittersaal die mit 120 Saiten größte Windharfe Europas. Die Burg ist bewirtschaftet und kann mit dem Auto angefahren werden. Sie liegt am Westhang des Battert, einem bewaldeten Höhenzug, auf dessen Südseite sich zahlreiche bis 60 Meter hohe Felstürme befinden. Die Battertfelsen gelten mit den Schwierigkeitsgraden I-VI als einer der schönsten Klettergärten Deutschlands.

Eine eindrucksvolle Felsenlandschaft namens Battert zieht sich hinter der Ruine entlang

Geroldsauer Wasserfälle

Gerade im heißen Sommer ist der Besuch des **Geroldsauer Wasserfalles** eine Wohltat. Über Lichtental kommt man nach Geroldsau, wo man den Wagen stehen lässt und den 1,5 km langen gut begehbaren Weg zum Wasserfall geht. Hier stürzt der Grobbach mit lautem Getöse aus einer engen Spalte über eine neun Meter hohe Stufe aus Granit in den türkisblauen Wasserkessel. Auch Johannes Brahms und Gusteve Courbet saßen oft hier, um neue kreative Kraft zu schöpfen. In dem großen, kaum ein Meter tiefen Wasserbecken kann man auch schwimmen. Später überquert man den Wasserfall über eine hohe Brücke und kehrt dann im Gasthaus Bütthof ein, von wo ein gut markiertes Wanderwegenetz bis zur Badner Höhe führt.

Folgt man dem Grobbach, gelangt man zum Geroldsauer Wasserfall

Burgruine Alt-Eberstein

Über dem Dörflein Ebersteinburg erhebt sich majestätisch die **Burgruine Alt-Eberstein**. Bereits 1085 wird sie das erste Mal in einer Schenkungsurkunde erwähnt. Das großsteinige Trockenmauerwerk und gigantisch geschichtete Quader aus Urgestein deuten auf merowingische Bauzeit (450–800) hin. Als der Markgraf Rudolf I. 1283 Kunigunde von Alt-Eberstein heiratete, kamen die Markgrafen von Baden durch Mitgift und Kauf in den Besitz der Burg. Zeitweise war sie Residenz der badischen Markgrafen. Im 16. Jahrhundert zerfiel die Burg und wurde von den Bauern als Steinbruch genutzt. Heute ist die Ruine gesichert und beliebtes Ausflugsziel.

Oberhalb der Ortschaft erhebt sich die Ruine Ebersteinburg auch Alt-Eberstein genannt.

Die Fahrt auf den Merkur ist ein ganz besonderes Erlebnis.

Merkur

Der 668 Meter hohe **Merkur** ist der Hausberg der Baden-Badener. Der Berg ist ein typischer Buntsandsteinkegel des Schwarzwaldes und die Härte des Gesteins gab ihm die eigentümliche Form. Ursprünglich hieß er „Großer Staufen" Er ist über die 1913 erbaute 1200 m lange Standseilbahn zu erreichen, die über eine Steigung von 54 Prozent die Talstation auf der Friedrichshöhe mit dem Gipfel verbindet. Sie zählt zu den steilsten Bergbahnen Deutschlands. Bei der Bergstation befindet sich eine Gaststätte, Liegewiese, Grillplatz und Spielplatz mit Riesenrutsche. Der Gipfel ist ein herrlicher Aussichtspunkt und dient als Startplatz für Gleitschirmflieger.

Ein im 16. Jahrhundert entdeckter **Weihestein** für den römischen **Gott Merkur** gab dem Berg seinen Namen. Der Stein ist in die Südseite des Aussichtsturmes auf dem Berggipfel eingemauert. Vom 1913 erbauten Aussichtsturm bietet sich ein herrlicher Blick über den Nordschwarzwald und die Rheinebene bis nach Straßburg und zum Odenwald.

In der Bergstation kann man seinen Durst und Hunger stillen

1913 wurde der Aussichtsturm erbaut und macht den Blick frei bis zu den Vogesen und dem Pfälzer Wald

Badische Weine

Mit circa 15500 Hektar Rebfläche und einem Durchschnittsmostertrag von einer Million Hektolitern ist Baden das drittgrößte Weinbaugebiet der Bundesrepublik. Es reicht am weitesten nach Süden und gehört als einziges Weinbaugebiet in Deutschland zur Weinbauzone B der EG wie auch das Elsaß, die Champagne und das Loire-Tal. Mit dieser Einordnung sind für die badischen Weine höhere Mindestanforderungen als für andere deutsche Weine verbunden. Das badische Weinbaugebiet erstreckt sich 400 Kilometer lang über die neun Bereiche Tauberfranken, Badische Bergstraße, Kraichgau, Ortenau, Breisgau, Kaiserstuhl, Tuniberg, Markgräflerland und Bodensee. Es ist in 16 Großlagen und 306 Einzellagen gegliedert. In Baden bleibt der Weinbau aus Gründen des Kleinklimas auf schwer zu bewirtschaftende Hanglagen beschränkt. Daher verlangt die Rebkultur viel Handarbeit, sorgsame Pflege und Winzerfleiß. Im Klima der badischen Weinlandschaften verläuft die Reifung der Trauben bei mäßiger Wärme spätsommerlicher und herbstlicher Tage und genügender Feuchte. Diese Witterungsbedingungen sind entscheidend für die spezielle Eigenart und die Charakter der badischen Weine. Badische Weine zeichnen sich durch dezente Buketts und delikate Fruchtsäuren aus. Bei bundesweiten Prämierungen sind die badischen Weine stets in der Spitzengruppe zu finden. Die beliebtesten badischen Weißweine sind Riesling und Silvaner als

Weinlese

Weinprobe

älteste Rebsorten, der erst 100 Jahre alte aus einer Kreuzung entstandene Müller-Thurgau, der Chardonnay, der meist im Barriquefass ausgebaut wird und der Gutedel, der innerhalb Deutschlands nur im Markgräflerland hergestellt wird.

Bei den Rotweinen wird vor allem der Blaue Spätburgunder angebaut, der wie der Riesling bei den Weißweinen als edelste Weinsorte der Roten angesehen wird. Überall in Baden wird die Weinlese mit großen Weinfesten gefeiert. Feste mit Weinproben finden von April bis in den Spätherbst statt.

Baden-Badener Rebland oder auch „s'Rebländle"

Nach der Eingemeindung der Ortschaften Varnhalt, Steinbach (mit dem Ortsteil Umweg) und Neuweier nach Baden-Baden entstand das Baden-Badener „Rebland". Mit einer Rebfläche von 325 Hektar ist es eines der größten geschlossenen Anbaugebiete Deutschlands. Auf über 80 Prozent der Fläche wächst hier der Riesling, der in Baden auch Klingelberger genannt wird, und bei Weinkennern als „König der Weißweine" verehrt wird. Der Ausbau der Weine steht auf höchstem Niveau und die Winzer des Reblandes wer-

den Jahr für Jahr mit Auszeichnungen überhäuft. Hier im Rebland haben sie sogar das verbriefte Recht den Wein in Bocksbeutelflaschen abzufüllen, ein Privileg, das sonst nur den Franken zusteht und in mehreren Prozessen von den Reblandwinzern erfolgreich verteidigt wurde. Heute sind die meisten Winzer in Winzergenossenschaften zusammengeschlossen. Ein besonders berühmtes Weingut ist das Gut Schloss Neuweier, das restauriert ist und in alter Pracht dasteht. Hier können die Gäste im gehobenen Restaurant im Schloss die Weine der nur mit Riesling bestockten Einzellage „Mauerberg" genießen, einer der besten trockenen badischen Rieslingweine. Die reizvolle Landschaft des Reblandes mit sonnigen Weinbergen, gemütlichen Weinlokalen und erstklassigen Restaurants zieht Jahr für Jahr viele Gäste an, die die Harmonie von Natur und Genuss bei freundlichen Menschen genießen. Die badische Weinstraße, bis an die Schweizer Grenze, wie auch der in fünf Tagen begehbare Ortenauer Weinpfad, führen duch das Rebland.

Gemeinde Neuweier

Das Wahrzeichen des Reblandes und ihrer Ortschaften Neuweier, Steinach und Varnhalt ist die um 1200 erbaute **Yburg** auf dem 550 Meter hohen Yberg, einem herrlichen Aussichtsberg mit hervorragendem Rundumblick auf den Schwarzwald und die Rheinebene. Die Yburg (der Name weist auf Eiben hin, die hier wuchsen) wurde im

Blick zur Yburg

Laufe der Geschichte dreimal zerstört, zuletzt im pfälzischen Erbfolgekrieg 1689. 1792 wurde den Bürgern von Steinbach sogar erlaubt, die Burg als Steinbruch zu nutzen. In den Jahren 1888 bis 1913 wurden die Mauern und der Turm restauriert und in ihren heutigen Zustand gebracht. Besucher können die Yburg zu Fuß oder mit dem Auto gut erreichen und sich in der Burggaststätte stärken. Im großen Innenhof finden im Sommer musikalische und literarische Veranstaltungen statt. Die größte der drei Rebland-Ortschaften unter der Yburg ist mit 4000 Einwohnern **Steinbach**, ein Ort mit großer Vergangenheit. 1258 verlieh König Richard von Cornwall auf Bitten des Markgrafen Rudolf I. dem kleinen Ort Steinach gar das Stadtrecht. Noch heute sind Teile der einst 450 Meter langen Stadtmauer erhalten. Bundesweit bekannt ist Steinbach durch die renommierte südbadische Sportschule, in der auch öfters schon die Fußballnationalmannschaft zu Gast war. Ein Denkmal beim Friedhof erinnert an den Baumeister des Straßburger Münster **Erwin von Steinbach**. Man sagte ihm lange Zeit auch nach, er habe die Sterbacher Kirche erbaut. Im ehemaligen barocken Amtshaus befindet sich das sehenswerte **Reblandmuseum**, das anschaulich die Geschichte des Reblandes vermittelt. Seit alters her zählt Weinanbau und Weinhandel zu den Haupterwerbsquellen von **Varnhalt**. So besteht das Weingut Nägelsförst, einst ein Gutshof des Klosters Lichtenthal, schon seit 1588. Bundesweit bekannt sind die Varnhalter Rieslingweine „Steingrübler" und „Klosterbergfelsen". Die dritte Reblandgemeinde **Neuweier** ist vor allem durch sein **Schloss** bekannt. Es wurde im 12. Jahrhundert ursprünglich als Wasserburg erbaut.

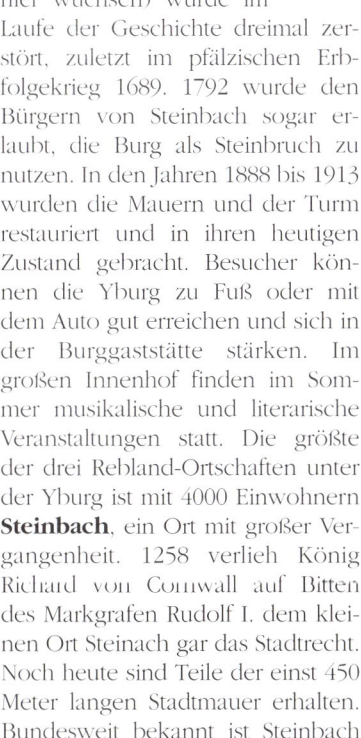

Varnhalt

Steinbach

Schloss Favorite

Das Schloss Favorite in Rastatt ist das älteste deutsche Porzellanschloss und zugleich als einziges in seiner heutigen Form erhalten geblieben. Es wurde von der Markgräfin Sybilla Augusta (1675-1733) 1710 als Witwensitz erbaut. Sybilla Augusta hatte mit kaum 15 Jahren den berühmtesten der badischen Markgrafen, den Türkenlouis geheiratet. Sie hatte zahlreiche böhmische Besitzungen als Mitgift mitgebracht. Dieser Reichtum erlaubte es ihr das Schloss Favorite als Jagd- und Lustschloss zu bauen. Es wurde die bevorzugte Sommerresidenz der Markgräfin, wo sie ihre Söhne erzog, festliche Bälle gab und ihre Jagden abhielt. Bis heute sind im Schloss die einzigartigen Sammlungen der Markgräfin, asiatische und europäische Porzellane, Statuen aus Elfenbein und Alabaster, Fayencen und Steinzeug erhalten. Die kostbarsten Objekte sind Meißener Porzellan, nach chinesischem Vorbild schwarz lackiert und bemalt, das so genannte Schwartz Porcelain.

Rassig, rasant, riskant – Pferderennen

Ihren Ursprung haben Pferderennen in Griechenland, wo sie zur 23. Olympiade 676 v. Chr. eingeführt wurden. Die Wetten beschränkten sich damals auf die Wettkämpfer und Besitzer der Pferde. Das mit dem Reitsport verbundene Glücksspiel, vor allem beim Galopprennen, wurde erst im 18. Jh. von den Engländern erfunden. Die Rennen waren kostspielig, daher die Wette zur Finanzierung eingeführt. Bis zum ersten Weltkrieg waren Rennen und Wetten ein Vergnügen für die obere Gesellschaftsschicht. Das erste Galopprennen in Deutschland fand 1858 in Baden-Baden-Iffezheim statt. Seither genießen die vom

1872 gegründeten Internationalen Club organisierten Internationalen Galopprennen von Baden-Baden weltweit einen hervorragenden Ruf. Die Pferdewetten gelten nach zahlreichen Verboten inzwischen als „legales Glücksspiel", bei dem mancher ein Vermögen gewonnen, aber die meisten ein Vermögen verloren haben.

Galopprennbahn Iffezheim

180 000 Gäste aus aller Welt kommen Jahr für Jahr zu den Internationalen Galopprennen, dem Frühjahrsmeeting und der „Großen Woche" im Sommer nach Baden-Baden, darunter viele klangvolle Name aus Gesellschaft, Showbusiness, Politik und Wirtschaft. Denn die Rennen, eine attraktive Mischung aus elegantem Flair, Volksfest und spannendem Wettspiel, sind für viele das gesellschaftliche Ereignis des Jahres. Hier kommt man um zu sehen und um gesehen zu werden. Auf einer der schönsten Rennbahnen der Welt gehen die besten Pferde aus Europa und Amerika an den Start. Neben den eigentlichen Pferderennen sind die Internationalen Galopprennen in Baden-Baden zugleich der bedeutendste europäische Markt für junge Vollblüter und das wichtigste Leistungsbarometer für die deutsche Vollblutzucht. Die im Rahmen der großen Woche durchgeführten „Jährlingsauktionen" sind die größten in Deutschland. Sie ziehen die besten Züchter aus der ganzen Welt an.

Die Internationalen Galopprennen von Baden-Baden genießen einen hervoragenden Ruf

Wichtige Adressen und Infos

Prospekte, Zimmervermittlung, Gastgeberverzeichnis, Veranstaltungen, Informationen:
Baden-Baden Kur&Tourismus GmbH
Schloss Solms, Solmsstraße 1
76530 Baden-Baden
Tel: 07221/275200-1
Fax: 07221/275202
E-Mail: bbt@baden-baden.com
Internet: www.baden-baden.com

Caracalla-Thermen - Carasana Bäderbetriebe
76530 Baden-Baden
Römerplatz 1,
Tel. (07221) 275920/40.
Internet: www.carasana.de
EMail: info@carasana.de

Friedrichsbad - Carasana
Bäderbetriebe GmbH
Römerplatz 1
76530 Baden-Baden
Telefon +49 (0) 7221/275920
Fax +49 (0) 7221/275980
E-Mail info@carasana.de
Internet www.roemisch-irisches-bad.de
E-Mail info@carasana.de

Stadtmuseum
Lichtentaler Allee 10
76530 Baden-Baden
Telefon +49 (0) 7221/932272
Fax +49 (0) 7221/932066
Internet: www.baden-baden.de
E-Mail stadtmuseum@baden-baden.de

Museum Frieder Burda
Lichtentaler Allee 8 b
D-76530 Baden-Baden
Telefon (07221) 39898-0
Telefax (07221) 39898-30
Internet: www.sammlung-frieder-burda.de
E-Mail: office@sammlung-frieder-burda.de

Staatliche Kunsthalle Baden-Baden
Lichtentaler Allee 8a
76530 Baden-Baden
Deutschland
Telefon: 07221/300763
Telefax: 07221/38590
Internet: www.kunsthalle-baden-baden.de
E-Mail: info@kunsthalle-baden-baden.de
Öffnungszeiten:
Dienstag–Sonntag 11–18 Uhr,
Donnerstag 11–20 Uhr

Festspielhaus und Festspiele
Baden-Baden GmbH
Beim Alten Bahnhof 2
76530 Baden-Baden
Internet: www.festspielhaus.de
E–Mail: info@festspielhaus.de
Kassenöffnungszeiten
Mo–Fr: 10–18 Uhr
Sa, So, feiertags: 10–14 Uhr
Abendkasse: 2 Stunden vor
Veranstaltungsbeginn
Tickethotline
Tel: 07221/3013-101
Fax: 07221/3013-211
Gruppenbestellungen/ Reiseveranstalter
Tel: 07221/3013-110
Fax: 07221/3013-395
vertrieb@festspielhaus.de

Spielbank Baden-Baden
Kaiserallee 1, im Kurhaus
D-76530 Baden-Baden
Telefon: 07221/3024-0
Internet: www.casino-baden-baden.de
Öffnungszeiten
Großes Spiel täglich ab 14 Uhr
Automatenspiel täglich ab 14 Uhr